AF275882

Estética

W. B. Gallie

¿Qué es Arte?

Una noción controvertida

casimiro

casimiro [*casimoroa edulis*]

En cubierta: Marcel Duchamp, *Fuente*, 1917, *ready-made*

© Casimiro libros, Madrid, 2025
    Todos los derechos reservados
    www.casimirolibros.es

ISBN: 979-13-87675-14-1
Depósito legal: M-20130-2025

Hecho en Madrid

Índice

EL ARTE: UN CONCEPTO ESENCIALMENTE DISPUTADO
W. B. Gallie   7

NOCIÓN GENERAL DEL ARTE
Paul Valéry   51

LA OBRA DE ARTE
Jean-Paul Sartre   65

EL ARTE:
UN CONCEPTO ESENCIALMENTE DISPUTADO

W. B. Gallie

I

Uno de los logros más felices de la filosofía reciente, en este país y en Estados Unidos, ha sido la rehabilitación de la estética. Explorar las relaciones entre las diversas disciplinas artísticas y las teorías del arte, y tratar de desentrañar los enigmas y paradojas que constantemente desafían a la crítica de arte, vuelven a ser actividades filosóficas perfectamente respetables. Atrás quedaron, esperemos para siempre, aquellos días (hasta donde alcanza mi memoria) en los que la cuestión del arte tendía a evocar en los círculos filosóficos serios miradas de irritación y sonrojo; esas mismas miradas de cuando se mentaba la madre de un alumno en la escuela primaria, o el sexo en la Cámara de los Lores.

Dos grupos de filósofos han contribuido a este cambio de actitud: en primer lugar aquellos que, si bien niegan la posibilidad de una teoría general del arte, insisten pese a todo en la importancia de la estética como metacrítica: una fragmentaria y gradual investigación de los dilemas y conflictos que nos impiden desarrollar gran parte del debate y el análisis crítico de las obras de arte. En segundo lugar, están aquellos que, al proponer una teoría global, lo hacen con una saludable consciencia de las dificultades inherentes a tal empresa, y del carácter especial de esos mismos dilemas y conflictos que la hacen necesaria. Como ejemplos del primer grupo incluiré algunas de las contribuciones al volumen recopilado por William Elton, *Aesthetics and Language*;[1] y en el segundo grupo, dos libros recientes de Harold Osborne dedicados a la estética. Ambas series de ejemplos me parecen insuficientes en un aspecto crucial; no obstante, a partir del examen de sus defectos creo que podremos trazar una ruta prometedora que nos permita salir del encallamiento.

II

Los autores del libro de Elton están de acuerdo en rechazar aquel tipo de definición o "teoría" general del arte que tradicionalmente ha sido objeto de búsqueda por parte de

1. En particular, las de la Dra. Helen Knight, la Dra. Margaret Macdonald, el profesor J. A. Passmore, Stuart Hampshire, y en menor grado, las mías.

los filósofos de la estética. El argumento contra estas definiciones y "teorías" puede resumirse muy brevemente de la siguiente manera: al delimitar la idea de arte de forma demasiado estrecha, en el sentido de que excluyen algunas obras o *géneros* artísticos universalmente reconocidos, o al menos algunas características necesarias de estos, esas concepciones nos confunden. O bien –y esto es particularmente cierto en el caso de aquellas teorías metafísicas que pretenden decirnos cómo es "posible" el arte como modo de experiencia o creación de valor– se esconden tras un lenguaje tan general y vago que son absolutamente incapaces de arrojar luz sobre las dificultades más relevantes, en particular acerca de los conflictos entre criterios, que es donde suelen encallar los debates sobre el arte. Estas críticas me parecen en general bien justificadas, y por el momento no diré nada más sobre este aspecto negativo.

¿Qué se entiende entonces por "metacrítica", que para los autores de Elton sería la única función que es propia de la estética filosófica? Al abordar esta cuestión es necesario tener presente la concepción general de la función y el método de la filosofía; una visión a la que, en cualquier caso, adhieren la mayoría de tales autores, ya que tanto el valor como las limitaciones de lo que nos dicen se deben tanto al método filosófico que siguen como a su perspicacia (y los límites de esta) respecto a las artes y la crítica de arte. Afortunadamente, esta concepción de la función y el método de la filosofía es hoy tan conocida y tan ampliamente compartida en Inglaterra que, una vez más, sólo es necesario el más breve de los esbozos.

Su punto de partida es la verdad, reconocida desde hace tanto tiempo, de que la filosofía se ocupa de la elucidación de significados, no del descubrimiento de nuevos hechos. La pregunta, entonces, es cómo se deben elucidar tales significados. Bajo la perspectiva que se va a discutir, el significado de una palabra (o fórmula o concepto) que resulta sumamente abstracta y desconcertante debe ser "mostrado" o "exhibido" simplemente mediante una consideración de cómo esa palabra y sus derivados se emplean en toda una gama de contextos familiares, y mediante una comparación de esos usos con los de otras palabras abstractas (o fórmulas o conceptos) con los cuales nuestra palabra original conserva una relación de mayor o menor analogía –más o menos esclarecedora, o más o menos engañosa. Una premisa que se asume necesariamente a lo largo de este procedimiento es que hay muchos usos, especialmente a partir de las inferencias que permite, para cualquier palabra abstracta (o fórmula o concepto) sobre cuya adecuación nadie estará en desacuerdo: y si el problema que plantea la palabra o concepto desconcertante acaba por resolverse, es a través de esos usos (y de los paralelismos parciales que encontramos para ellos). La solución de todo problema filosófico, por tanto, radica en el reconocimiento de cuál es el uso adecuado de ciertas palabras; es decir, que la respuesta siempre está ya allí *en las palabras mismas en la medida en que reciben un uso adecuado*. Hay que renegar de todo intento de ir "más allá" o de llegar a lo que está "detrás" de estos usos. Intentar explicar o justificar lo que decimos cotidianamente (y adecuadamente), salvo si lo comparamos y contrastamos con otras cosas que decimos normalmente en contextos similares o relacionados de forma relevante, delata una concepción errónea de lo que la filosofía puede hacer, en contraposición a otras formas de investigación más positivas o creativas.

Está claro que el valor del filosofar, según este modelo, sólo puede decidirse mediante una consideración de sus elucidaciones detalladas de problemas especiales. En todo caso, creo que los logros principales de los autores recopilados por Elton pueden enumerarse de manera útil y justa bajo los dos siguientes epígrafes: (i) Reiteran y refuerzan con muchos ejemplos bien elegidos ese viejo lema según el cual, dado que cada obra de arte es apreciada por su propia y única identidad, no puede haber reglas generales o recetas para la creación y apreciación de obras de arte. Así, la Dra. Margaret Macdonald señala que la crítica de arte nunca pivota sobre la naturaleza de la prueba o de la persuasión en sentido científico: no procede aplicando reglas o fórmulas derivadas a partir de la observación de

11

un número seleccionado de "obras de referencia". Tal vez la analogía más útil, para mostrar la relación de un crítico con una obra de arte, sea la del músico con la canción que lee e interpreta. De forma semejante, el objetivo principal de cualquier buena crítica es, según la Dra. Macdonald, "presentar" aquello que tiene valor en la obra original; y no hay reglas generales que puedan prescribir o delimitar la tarea del intérprete musical. (ii) En segundo lugar, los autores seleccionados por Elton subrayan la notable diversidad y disparidad de criterios que empleamos para estimar el valor de las obras de arte, incluso respecto a aquellas obras que pertenecen a un único *género* o que, dentro de un *género*, podrían parecer tener una temática o contenido muy similar. Por ejemplo, podemos apreciar una pintura únicamente por el color, o al menos principalmente en base a él, mientras que valoramos otra únicamente, o al menos principalmente, por el dibujo que le da su estructura. Exigir un único conjunto de lo que la Dra. Helen Knight llama "caracteres de criterio" para la evaluación de obras artísticas de cualquier *género* significa ser culpables de un burdo filisteísmo doctrinario: y esto es cierto *a fortiori* cuando se exige un único conjunto de caracteres de criterio para *todas* las obras de arte. Huelga añadir con qué fuerza estas dos conclusiones apuntalan el rechazo, por parte de los autores de Elton, de todas las explicaciones generales (en especial, las metafísicas) de lo

12

que *es* el arte. Como dice Hampshire: "Cuando en estética uno se mueve de lo particular a lo general, está yendo en la dirección equivocada".

Sin embargo, a pesar de estos esfuerzos (hoy muy característicos) por alejarse de generalizaciones vacías o engañosas sobre la naturaleza del arte, los tres escritores que he citado dejan escapar inevitablemente una serie de afirmaciones (algunas de ellas muy interesantes y controvertidas) sobre el "arte en general" y nuestras actitudes hacia él.[2]

2. Por abundar en detalles al respecto de esta cuestión, (i) en la primera parte de su artículo (*Aesthetics and Language*, p. 147 y siguientes) la Dra. Knight analiza la importante distinción entre la creencia (a) de que el arte en general (a saber, su conocimiento o la discusión en general sobre él) es algo bueno, y la creencia (b) de que esta o aquella obra de arte en particular es buena, en el sentido de que es un buen ejemplar de su clase de objetos. Esto obviamente implica que tenemos una actitud o actitudes hacia el arte en general, y nos gustaría saber mucho más sobre aquello a lo que equivale esta actitud altamente generalizada hacia el arte. (ii) El profesor Passmore (*Aesthetics and Language*, p. 36 y ss) es extremadamente suspicaz (y en mi opinión, con razón) respecto de la llamada experiencia estética, o en todo caso cuando se la considera como una experiencia introspectiva distinta de las demás; y es igualmente suspicaz, y sin duda también con razón, respecto de las llamadas "propiedades estéticas", si se las considera como cualidades aislables y descriptibles que podemos señalar en todas y cada una de las obras de arte. Pero es consciente, incluso si la intención es realizar este tipo de crítica negativa de la estética filosófica tradicional, de que debemos ser capaces de circunscribir en algún grado

13

Digo *inevitablemente*, porque ¿de qué otra manera podría entenderse el campo en el que se discuten? ¿De qué otra manera podrían tener éxito, como es el caso, a la hora de iluminar el sentido y la fuerza peculiares de muchas de las cosas que decimos en la crítica del arte, por ejemplo al contrastarlas con cosas superficial y engañosamente similares que decimos en el transcurso de la teorización ética o científica? Permítaseme plantear esta objeción, que es, por supuesto, tan antigua como la filosofía misma, en una forma más polémica: a menos que estos escritores posean "un concepto de arte", ¿cómo pueden decirnos tanto sobre la crítica del arte, sobre lo que es y lo que no es? Pese a todo no debemos olvidar que los anteriores intentos de definir el "concepto de arte" parecen haber sido siempre infructuosos. La situación podría plantearse, por lo tanto, en forma de dilema: o tenemos un concepto de arte, y este resulta inútil para fines críticos y por lo general engañoso

el campo dentro del cual se han aplicado estos conceptos, aunque estos sean probablemente falsos. Así, Passmore se ve impelido a sugerir que "si bien no hay 'propiedades estéticas' comunes a todas las buenas obras de arte, existe lo que podríamos llamar una aproximación estética a las obras de arte, al igual que existe una manera científica de considerar las cosas sin que sea el caso que las cosas tengan caracteres científicos ..." (*Aesthetics and Language*, p. 52). Una vez más, nos gustaría saber mucho más sobre esta aproximación o categoría, y sobre el modo en que pueden determinarse sus límites. (iii) La tesis general de Hampshire sobre las obras de arte y la experiencia estética se analizará más adelante en este texto.

si se aplica a casos particulares, o bien no tenemos ningún concepto de arte, en cuyo caso no tenemos una apreciación adecuada del campo de objetos y actividades a los que tan enérgicamente negamos ciertas propiedades metafísicas espurias.

Pero imagino que a pocos o ninguno de los escritores seleccionados por Elton les preocupará este dilema, porque una de las principales afirmaciones que se hacen comúnmente sobre el método filosófico que siguen es que puede proporcionarnos rutas de escape fiables justamente para este tipo de problema platónico. ¿Cómo hallar una salida en este caso? ¿Cómo puede demostrarse que la posesión de un "concepto de arte" no es en modo alguno necesaria para una discusión inteligente e incluso altamente sofisticada (por ejemplo, metacrítica) de las bellas artes?

Podría decirse: la metacrítica apunta a resolver ciertos problemas que surgen, esporádica y localmente, por así decir, en el bien reconocido campo de la crítica de arte. Pero aunque este campo sea bien reconocido, no es por ello definible: sus límites son de hecho desesperanzadamente difusos y nuestros usos de él no muestran una estructura lógica uniforme o coherente; de ahí el fracaso, tediosamente repetido, de todos los filósofos de la estética que han tratado de definirlo. Las palabras "arte" y "obra de arte" no expresan conceptos con mayor claridad

15

que las palabras "granja" o "trabajo agrario". En algunos de sus usos, "obra de arte" es probablemente un término meramente genérico, que denota tanto pinturas como poemas o composiciones musicales, etc., sin ninguna sugerencia que apunte a una comunidad relevante de "naturaleza artística" entre estos diferentes tipos de producción. En otros casos, sin duda, podría decirse que expresa un concepto, pero uno de un tipo muy escurridizo y peligroso, que se apoya –precariamente– en un "parecido de familia" o una superposición perceptible entre una serie de líneas de semejanza que atraviesan a una amplia "familia" de ejemplos. Pongamos un ejemplo y pensemos en las muy diferentes formas en que se establecen las más naturales comparaciones entre un poema, una novela, un chiste, un apunte al natural, y una melodía. El chiste y la novela pueden tener un "argumento" o "propósito" en el sentido en que el poema puede no tenerlo: el poema y la melodía tienen ritmo; en la novela y el apunte dibujado o pintado puede haber una "representación de las cosas" que ciertamente no está en la melodía, y así sucesivamente. Sin embargo, a pesar de la falta de forma o incoherencia dc nuestros usos de la expresión "obra de arte" –o como dirían algunos, a pesar del hecho de que no expresa un concepto genuino en absoluto– ha resultado perfectamente posible que la crítica se dedique a su labor de interpretar y evaluar obras de arte específicas; y es igualmente posible que la metacrítica se dedique también a la tarea que le es propia. Imaginemos, por ejemplo, a dos críticos que debaten sobre los méritos o deméritos de un cuadro en particular. Señalarán y tratarán de describir con palabras ciertas características especiales de esa obra pictórica que en su opinión se contarían entre los "caracteres de criterio" (según la expresión de la Dra. Knight) del éxito o fracaso de las obras de este tipo; se remitirán a otras pinturas (semejantes de una forma que sea relevante), y así sucesivamente. La fuerza especial que tienen sus afirmaciones es de un tipo que podría "mostrarse" o "exhibirse" (en el sentido filosófico) en términos del contexto inmediato –el cuadro que tienen ante sí los interlocutores– u otros contextos similares, ya sean rememorados o imaginados. Los dos críticos pueden estar de acuerdo o no, pueden enredarse en molestos nudos argumentativos que exijan un desenredo metacrítico, o puede que consigan evitarlos; pero sea cual sea el rumbo que tome su discusión, una cosa que no entrará en ella es la cuestión de la "artisticidad" del cuadro que están evaluando.

El argumento anterior tiene dos puntos principales: (i) que la palabra "arte" expresa, como mucho, el hecho de una semejanza de familia, y que en cualquier caso, (ii) la crítica no requiere ni se sirve en modo alguno de un "concepto del arte". Estos son dos puntos que antes me

17

parecían ciertos, pero ya no.[3] Sin duda, la explicación por medio del parecido de familia se aplica a una serie de características de las que se ocupa la crítica del arte. Sin embargo, hasta que no se desarrolle con mayor detalle no alcanzo a ver que proporcione fundamento alguno para rechazar la opinión de que ciertas características sumamente generales tomadas en conjunto pueden considerarse necesarias y peculiares de los tipos de objeto o acción que se consideran comúnmente obras de arte. Además, la explicación del parecido de familia no ofrece ninguna explicación de por qué, entre todos los conjuntos concebibles de semejanzas superpuestas que pueden trazarse entre, por ejemplo, libros impresos, interpretaciones vocales, movimientos corporales rítmicos y representaciones pictóricas, se ha escogido *una serie particular de semejanzas*, o un conjunto de series, y se ha valorado bajo el epígrafe de "obra de arte". En definitiva, llegados a este punto querría que nuestros usos de esa expresión queden *explicados* de una forma que los autores de William Elton prefirieron no explicar, o no creyeron que fuera posible hacerlo.

En cuanto al segundo punto, es decir, que la crítica no necesita un concepto de arte y que la fuerza especial de todo ejemplo de crítica puede percibirse en términos de su

3. Cfr. mi texto "The Function of Philosophical Aesthetics", reimpreso en el volumen citado *Aesthetics and Language*, pp. 13 y ss.

18

contexto inmediato y de otros contextos relevantes que guarden semejanza con el primero. La pregunta crucial aquí es: ¿qué *amplitud* puede darse al sentido de esta última frase? O dicho de otro modo, ¿cuál es el criterio de "contextos *relevantes* que guardan semejanza"? Supongamos que un crítico, al analizar un cuadro en particular, no pueda utilizar la palabra "arte" y tampoco ninguno de sus derivados, y es muy improbable que haga uso o refiera alguna definición o teoría filosófica del arte. Supongamos además que, incluso en sus horas de ocio, nuestro crítico nunca se moleste en leer "lo más abstracto" de los filósofos de la estética. Sin embargo, acaso *sí leyó* en alguna ocasión el libro de un oscuro idealista alemán, o tal vez algo de Tolstoi sobre arte. Sin duda, cuando lo hizo, rechazó por completo la teoría del arte que propugnaran Schiller o Schelling (si es que pudo comprenderlas), o las de Solger, Schlegel (y su hermano), o incluso Schleiermacher, Schopenhauer... o el propio Tolstoi. No obstante, el libro que leyó puede haberle hecho mella, o haberle servido de ayuda. Esto es, puede haber afectado, aunque sea levemente, a su visión y práctica de la vocación de crítico; puede haber modificado su manejo de la terminología crítica actual, de un modo que afectara considerablemente a su capacidad, profundidad y consistencia como crítico. Esto me parece *perfectamente* posible; en realidad nada es más fácil que encontrar en los críticos menos inclinados a

19

la filosofía las huellas inequívocas de las doctrinas filosóficas del pasado.

En cada una de sus tesis principales, por consiguiente, me parece ahora bastante insatisfactoria la defensa anterior de la "crítica y la metacrítica *sin* un concepto de arte". Desde luego, esta defensa pone de manifiesto el hecho de que el concepto de arte (si existe) debe ser un concepto muy extraño, único en su especie, cuya estructura nunca ha sido suficientemente explorada. Podría tratarse simplemente de un concepto embrionario, aún no articulado, en cuyo caso sus efectos benéficos sobre la crítica deben ser difíciles de evaluar, o en su mayor parte pueden estar aún por venir. Pero estas no son razones para ignorarlo o para desestimar sus efectos como poco relevantes.

En este punto, el lector puede quejarse: ¿por qué tanto alboroto sobre un concepto hipotético que en ciertos casos hipotéticos podría resultar importante para la crítica y la metacrítica? Mi respuesta es que el caso está lejos de ser hipotético, pues el volumen de Elton nos proporciona un ejemplo sumamente llamativo de por qué una clarificación mayor del concepto de arte es de vital importancia tanto para la crítica como para la metacrítica. El ejemplo consiste en la patente discrepancia entre al menos dos de sus autores, la Dra. Helen Knight y Stuart Hampshire; un desacuerdo respecto a la cuestión, nada baladí, de la función adecuada de la crítica artística. La Dra.

20

Helen Knight, basando muy correctamente su opinión en lo que los críticos realmente dicen y hacen, supone que una parte importante del trabajo del crítico es evaluar las obras de arte, en el sentido de calificarlas o, por lo menos, clasificarlas como "buenas" y "malas".[4] El Sr. Hampshire, si le entiendo bien, lo niega; y dado que parece ser la parte herética en este caso, haremos bien en concentrarnos en él.

Hampshire afirma que la actitud del crítico de arte es la del puro espectador: su trabajo consiste simplemente en ayudarnos a ver lo que hay –para el disfrute estético– en esta o aquella obra de arte. De hecho, la principal dificultad del crítico está precisamente en mantener esa actitud de puro espectador, en contraposición a la del moralista o del hombre práctico. Por tanto, no es su trabajo decirnos si debemos *preferir* una obra de arte a otra. En el momento en que se dedique a esta última tarea, se convertirá en realidad en un moralista, pues nos estará aconsejando que *hagamos* ciertas cosas; por ejemplo, que leamos ciertos libros o compremos ciertos cuadros, prefiriéndolos a otras cosas. Seguir ese consejo ha de llevarnos mucho más

---

4. Otros autores del libro de Elton parecen estar de acuerdo con Helen Knight, como es el caso del profesor Passmore. En lo que respecta a esta cuestión, el presente texto oscila, con cierta inconsistencia que no puedo por más que lamentar, entre los puntos de vista de Knight y Hampshire.

allá de la esfera específicamente artística, o sea, nos proyecta a "toda la economía de necesidades y propósitos humanos".[5]

He aquí, pues, una cuestión bastante clara: ¿cómo resolverla? Desde el punto de vista de que la estética es simplemente metacrítica, presumiblemente sólo cabe decidirse de un modo, a saber, mediante el cuidadoso acopio y cotejo de un número suficiente de contextos diferentes en los que se pueda encontrar la expresión "crítica de las artes" (o sus equivalentes), o en los que se pueda reunir un número suficiente de usos y métodos canónicos para la crítica de arte. Esta tarea sería muy larga y laboriosa; pero lo que es peor, bien podría resultar una labor de la que no surja ninguna decisión definitiva. A primera vista parecería que el señor Hampshire está lisa y llanamente equivocado. Los críticos literarios y artísticos nos ofrecen por lo general –como todos esperaríamos– valoraciones, en el sentido de calificaciones, de diversas obras de arte. Esto suscita una respuesta obvia: ¿son estos juicios y calificaciones parte de ese trabajo que hace del crítico un *crítico de obras de arte*, en oposición a un crítico social, a un moralista, un asesor literario, un corredor de bolsa artístico o un publicista? Examinar ejemplo tras ejemplo de uso crítico, en un intento de responder a esta última pregunta, sería una tarea muy larga y laboriosa. Además, al intentarlo, ¿no nos

5. *Aesthetics and Language*, p. 169.

veríamos obligados a calificar algunos de los ejemplos como más o menos adecuados a nuestro propósito, o como una fuente de mayor o menor autoridad? Y si hiciéramos esto, ¿acaso no habríamos dejado que ciertas consideraciones espurias entraran en la consideración de un problema y que de hecho decidieran por nosotros su conclusión, algo que, según las opiniones modernas, debería resolverse simplemente mediante un examen de *lo que se dice* en los tipos de contexto que son pertinentes?

Un enfoque más natural y provechoso sería preguntar: ¿cuál es la premisa general principal sobre la que se basa la conclusión herética del señor Hampshire? Y la respuesta a esta pregunta no es difícil de hallar. La premisa que se necesita es que toda obra de arte sea "gratuita": esto es, una "creación libre", que está para ser disfrutada (o ignorada) simplemente por lo que es. Los cánones de su éxito o fracaso son internos a ella misma, y si optamos por calificarla, es decir, expresar nuestra preferencia entre esa y otras obras, no añadimos nada esencial a aquello por lo que la consideramos (y quizá merced a lo cual la valoramos) como obra de arte. Ahora bien, no estoy seguro de entender del todo la fuerza especial que Hampshire otorga a la palabra clave "gratuito": no obstante la actitud general hacia el arte que utiliza para describirla es bastante familiar. A pesar de que le imprima un giro interesante y original, y que se exprese en el estilo sencillo y de sentido común de la filosofía de mediados del siglo XX, se trata de una visión del arte por la que han abogado muchos artistas y críticos del siglo XIX, particularmente en Francia, y que constituye un tema central en la estética filosófica tanto de Bergson como de Croce.

No voy a discutir aquí si el señor Hampshire tiene razón o no, en comparación con la doctora Helen Knight y otros, en su explicación de lo que la crítica de arte es y no es, lo que puede y no puede hacer: una respuesta a esa pregunta requeriría un marco de referencia, una interpretación de la expresión "obra de arte" que aún no he planteado aquí. Todo lo que quiero destacar en este momento es que en esta cuestión crucial para todo el programa de la metacrítica, nos encontramos con un autor muy convincente que expresa opiniones que parecen estar basadas en una visión general (¿o una filosofía?) del arte, aunque esté formulada de manera incompleta. Tampoco es fácil, por las razones que ya hemos expuesto, ver cómo esta visión general del arte podría verse confrontada por los métodos que pretende emplear la metacrítica. Esto sugiere que es hora de reconsiderar más cuidadosamente la posibilidad de una teoría general del arte, y para este propósito dirijo mi atención ahora al señor Osborne.

III

De los libros de Osborne se colige que los problemas estéticos tienen un interés mucho más amplio y una urgencia mucho mayor de lo que nos llevaría a suponer la lectura de la antología de Elton. Para los autores de Elton, los problemas estéticos comienzan por las ocasionales perplejidades lógicas de los críticos serios y sus lectores; para Osborne comienzan con la anárquica babel de voces con las que se encontraría el simple amante del arte cuando este busca orientación en la crítica de arte, tal y como se practica hoy. Osborne se ha visto obligado a construir su filosofía del arte frente a los aparentemente interminables conflictos que revela la historia de la crítica: conflictos que no se dan simplemente entre juicios particulares sobre obras de arte particulares, sino que remiten a los puntos de vista básicos desde los que se emiten tales juicios. "De hecho", escribe Osborne, "la mayor parte de la crítica, tal como se escribe ahora, es ininteligible, en el sentido estricto del término. Podemos deducir que el crítico estima esta obra de arte por encima de otra, que considera que ésta es buena y esa otra mala; pero ignoramos lo que quiere decir cuando dice que toda obra de arte es buena o mala. La crítica, en este sentido, no es más que un registro autobiográfico de preferencias y prejuicios, carentes de explicación y justificación. Esta es una afirmación frecuente, pero rara vez se han expuesto las razones que la sustentan, o cómo paliar la situación que describe.[6]

Para subsanar tales deficiencias, en su primer libro (*A Theory of Beauty*) Harold Osborne propone los que en su opinión serían los únicos principios generales que al ser aceptados en el ámbito de la estética permitirían a la crítica convertirse en "una ciencia", es decir, un cuerpo de doctrinas y de juicios particulares con los que todas las personas serias y debidamente formadas podrían estar de acuerdo en términos generales. Osborne afirma que la belleza o auténtica excelencia de toda obra de arte consiste en su posesión de una propiedad formal, a saber: ser un "todo orgánico" o una "unidad configuracional". Esta propiedad, sostiene, es común a todas las obras de arte, que la poseen en grados diversos pero comparables. Por lo tanto, a partir de esta propiedad formal siempre es posible responder a la pregunta primaria: "¿Es esto una obra de arte o no?", para luego proceder a hacer juicios inteligibles y justificables sobre la excelencia relativa que posee la obra en cuestión. Osborne ofrece algunos esclarecedores análisis lógicos de la noción de "integridad configuracional", que detalla más adelante apoyándose en el tipo de estado psicológico que es necesario para la aprehensión y apreciación de la misma.

6. *Aesthetics and Criticism*, p. 37.

Al leer al señor Osborne, es difícil no admirar el espíritu con el que emprende su tarea. Es alguien que carga con todo el peso de la filosofía: se ha visto forzado a elaborar su propia teoría para satisfacer lo que siente que es una necesidad urgente. En contraste, demasiados de los escritores recopilados por Elton parecen estar ofreciéndonos ejercicios de virtuosismo filosófico a la moda; en particular, estos autores parecen haber asumido demasiado a la ligera que la diversidad de criterios que encontramos en la crítica de arte es algo con lo que puede lidiar toda persona inteligente, sin dificultad y por sí misma, algo que no requiere rectificación ni explicación alguna. Sin embargo, el programa de Osborne parece abierto a todas las objeciones familiares que se han planteado contra las teorías que intentan definir la excelencia característica de las obras de arte en términos de una única propiedad esencial. ¿No es culpable, en efecto, del grave error de buscar una receta o fórmula general para juzgar todas las obras de arte? O si afirma haberse limitado a proponer una regla útil de tipo negativo, mediante la cual los críticos harían bien en poner a prueba sus juicios intuitivos, entonces, y en el mejor de los casos, ha estado describiendo una condición necesaria para la excelencia artística. En ese caso, ¿dónde están y cuáles son las otras?[7]

7. Véase la atinada crítica de *A Theory of Beauty* de Osborne por parte de P. F. Strawson en *Mind*, nueva serie, vol. LXIII, pp. 413 y ss.

27

Estas objeciones, sin embargo, no se aplican de forma tan obvia al segundo libro de Osborne, *Aesthetics and Criticism*. Aquí su enfoque es menos directo, pero mucho más penetrante y convincente. Ahora deja de lado la afirmación de que "el punto de vista configuracional" es el único posible en la estética general (aunque claramente todavía lo crea). Presenta su propio punto de vista como uno más entre otras alternativas posibles: por ejemplo, el punto de vista que llama realismo (representacionalismo en sus diversas formas), el punto de vista hedonista y el punto de vista de las teorías comunicativa y expresiva del arte. E intenta luego mostrar la naturaleza y límites de los tipos de crítica que permitiría la adhesión a cada uno de estos puntos de vista estéticos; no ve dificultad alguna en demostrar que gran parte de la crítica muestra un desprecio chocante por tales límites, y de hecho juguetea con feliz inconsistencia pasando del tipo de evaluación permisible desde determinado punto de vista a un tipo de evaluación que sólo es permisible desde otro punto de vista diferente. Además sostiene que, por diversas razones, es imposible utilizar diferentes puntos de vista estéticos, por ejemplo el hedonista, para justificar una crítica que aspire a una validez objetiva, mientras que su propio punto de vista configuracional sí puede hacerlo.[8] Sin duda, al reali-

8. Esto sugeriría cómo resolver, o al menos explicar, la diferencia entre Stuart Hampshire y Helen Knight.

zar esta tarea el señor Osborne ha desplegado lecciones muy valiosas a cualquier crítico que lea su libro.

Sin embargo, no estoy del todo satisfecho con la *exposición de motivos* del programa revisado de Osborne, por muy saludables que puedan ser muchos de sus efectos prácticos. En primer lugar, está la cuestión: ¿cómo ha seleccionado, para su posterior análisis, los diferentes puntos de vista que considera posibles? O más exactamente, ¿sobre qué principio ha agrupado diferentes teorías estéticas bajo los epígrafes realista, expresionista, etcétera? No he encontrado ninguna respuesta satisfactoria a esta pregunta en las páginas de Osborne, por lo demás admirablemente bien argumentadas, y me parece importante insistir en tal respuesta por la siguiente razón: a pesar de los conflictos notorios (y aparentemente interminables) de los filósofos de la estética, es inevitable encontrar un gran acuerdo –en el "nivel del sentido común"– en sus respectivas teorías.

Nada podría ser más natural, por consiguiente, que tratar de agruparlas: abstraer de ellas las cinco o seis cosas realmente importantes que tienen que decir al respecto los filósofos que se dediquen a la estética. Pero es muy posible que al proceder de esta manera se pierda de vista lo que tiene de distintiva, original y valiosa la aportación de cada pensador de la estética. Y por lo tanto resulta esencial que nuestros principios de selección y agrupamiento, en toda labor semejante de compilación, estén diseñados para asegurar en la medida de lo posible que destaquen los méritos distintivos de cada teoría. Ahora bien, a pesar de su gran interés, el examen que lleva a cabo Osborne de sus posibles visiones alternativas sobre la estética no satisface este requisito. Sus estimaciones nos ofrecen excelentes explicaciones de las sucesivas "operaciones de salvamento" que han resultado necesarias a medida que cada concepción de la estética ha sido sometida a una crítica minuciosa y detallada. Pero Osborne no siente mucha simpatía por ninguno de estos puntos de vista, con la salvedad de su propio punto de vista "configuracional". Muestra demasiado afán (sincero) por corregir, para ser capaz de comprender: al menos en ese sentido de comprensión que es necesario y propio del historiador de las ideas. Y es que, a menos que a cada teoría le corresponda ser tratada simplemente como un espécimen patológico (para su excisión o corrección lógica), entonces del historiador no se espera que demuestre que los postulados son correctos o justificables, sino al menos que son inteligibles; esto es, que son de tal suerte que hombres muy inteligentes podrían naturalmente encontrarlos convincentes y, hasta cierto punto, sensatos y esclarecedores. Si no logra hacer esto, las críticas del historiador a las teorías que ha examinado no sólo serán injustas: es muy probable que sean inútiles.

Cabe añadir lo siguiente, estrechamente relacionado con esta crítica: Osborne descuida por completo (al menos en el cuerpo principal de su libro)[9] la posibilidad de que cada uno de los puntos de vista alternativos que menciona pueda tener algo esencialmente importante que aportar a nuestra comprensión del concepto de arte. Es decir, que cada uno logre enfatizar (con una unilateralidad que si no es lógicamente justificable, al menos sea inteligible) alguna faceta o característica de las obras que sea una condición necesaria, acaso fácil de pasar por alto, de la excelencia artística. En lo que sigue intentaré demostrar que esto es así, en todo caso en lo que respecta a una serie de puntos de vista sobre la estética. Mientras tanto, podemos comprobar si esta sugerencia es factible considerando cuánto perderíamos si todos los críticos se tragaran la píldora del señor Osborne y pasaran a producir una crítica buena y coherente desde el "punto de vista configuracional". ¿No sería una verdadera pérdida si se nos negaran los puntos de vista y las voces tan idiosincráticas de Samuel Johnson y Coleridge, de Reynolds y Ruskin, de Venturi y Fry? Y es que hay algo valioso también en la diversidad de puntos de vista que atormenta a la crítica de arte, y que con frecuencia deja al profano sin saber qué pensar.

9. No obstante, véase su nota al pie, muy interesante, en la p. 44 de *Aesthetics and Criticism*.

31

Creo que estas dos líneas de crítica son complementarias. Si tuviéramos una explicación histórica transigente y adecuada de *cómo se originó* el concepto de arte –de cómo y por qué puntos de vista estéticos diferentes y radicalmente opuestos han sido favorecidos por personas a todos los efectos igualmente inteligentes e informadas– entonces estaríamos en condiciones de apreciar la estructura peculiar del concepto de arte: podríamos ver que pertenece a una clase bastante amplia e importante de conceptos que son, como me gusta decir, *esencialmente complejos*; y principalmente por esta razón, *esencialmente disputados*. Por el contrario, si tenemos una comprensión adecuada de la estructura del concepto de arte –si vemos los fundamentos de su complejidad esencial y de su carácter disputable– con ellos podríamos estar en condiciones de darle algún sentido, de leer con cierta apreciación y simpatía, la aparentemente fútil historia de las escuelas estéticas enfrentadas.

IV

¿Qué luz arroja sobre el concepto de arte la *historia* del concepto de arte? O por simplificar esta pregunta tan verbosa y propia de Croce, comencemos por considerarla en términos de un tipo particular de arte y de crítica de arte.

Imaginemos el caso de un hombre sencillo al que le gustan muchos cuadros recientes y contemporáneos, y que para formar su gusto decide orientarse a través del juicio de críticos de arte profesionales. Y supongamos que tiene mala suerte en sus primeras lecturas e investigaciones: que no se topa con el tipo de críticos –y por supuesto hay muchos de ellos– que se esfuerzan por destacar la unilateralidad de sus propias simpatías y su propio e idiosincrático punto de vista sobre la pintura. Imaginemos más bien que da con aquellos críticos –y hay muchos de ellos– que abiertamente o de forma maliciosa dan a entender al inocente lector que hay un *único* estilo o método de pintura (a saber, el estilo preferido por el crítico) que es el *único* que nos da pinturas auténticas, obras pictóricas que sostienen y hacen avanzar las grandes tradiciones del pasado y anuncian las obras maestras del mañana. Por supuesto, el problema es que numerosos críticos dirán esto mismo acerca de una serie de estilos o movimientos diferentes (y a menudo en radical conflicto) de la pintura reciente y contemporánea. En esta situación, ensordecido y confundido por las voces confiadas y las jergas autoritarias de media docena de bandos diferentes, nuestro sencillo amante del arte se sentirá completamente desanimado y perdido. ¿En quién puede confiar? ¿No sería mejor que confiara en su propio gusto de lego, por vacilante y reticente que sea? Pero supongamos que en este punto una

33

voz amistosa y modesta le habla al oído: "Sólo Dios sabe cuál de estas voces en conflicto tiene razón, si es que alguna la tiene, o cómo se pueden reconciliar sus diferentes puntos de vista, de ser esto posible. Pero creo que puedo decirte cómo se produjo esta divergencia entre tantos puntos de vista. No puedo resolver tu problema, pero puedo decirte cómo sucedió todo". Si es sabio, nuestro sencillo amante del arte aceptará este ofrecimiento del historiador del arte y de la crítica de arte, por limitada que sea la ayuda y aunque no contribuya directamente a su propósito.

No necesitamos entrar en ninguno de los detalles de esa reconstrucción histórica que desplegaría ante su interlocutor el historiador del arte. Sin duda, se tomaría como punto de partida esa profunda división en los objetivos y estándares artísticos que se produjo en el movimiento romántico. Se revelarían entonces (con toda la empatía posible) las razones de las postreras divisiones, en especial dentro del arte de la pintura tal y como se practicaba en Francia. Algunas de estas razones surgirían de forma natural a partir de la experiencia de artistas que crean sus obras en una sociedad en la que ya no existe una única concepción autorizada de los objetivos del arte o de los estándares de excelencia artística; otras surgirían de la creciente disponibilidad de muestras de arte de las más diversas épocas y culturas; otras de las enseñanzas de la ciencia popularizada, como en el caso de los primeros impresionistas, y otras tantas se derivarían de las presiones políticas y sociales, como en el caso de los artistas del realismo social.

A lo largo de esta explicación destacaría continuamente un punto de gran importancia: el portavoz de la *mayoría* de movimientos o escuelas rebeldes reivindicaría, apelando a cierta justicia, que el estilo de pintura defendido por ellos sería el verdadero heredero e impulsor de la gran tradición pictórica precedente. No obstante, cabría preguntarle: ¿cómo puede hacerse esta afirmación con una mínima viabilidad, desde tantos sectores diferentes y a menudo radicalmente enfrentados? Mi respuesta es la siguiente: sencillamente porque la pintura es una cuestión altamente compleja, que admite, en diferentes circunstancias, un número de descripciones diferentes pero genuinamente útiles e iluminadoras. La pintura es la colocación del color en el lienzo: es la expresión de cómo un artista ve las cosas, en la naturaleza o en su imaginación. Además, simplemente en virtud de este medio, a esta expresión se le da una forma esencialmente comunicativa: en última instancia, cualquier pintura bien lograda es la fuente, para el espectador, del llamado goce estético. Es natural y útil describir los cuadros –y alentar, aplaudir o criticar a los pintores– unas veces a partir de las descripciones antes citadas, y otras veces basándose en descripciones diferentes.

Uno de esos estilos descriptivos será el más adecuado para la discusión e interpretación de una escuela o movimiento en la pintura, mientras que un segundo estilo descriptivo será adecuado para otras escuelas o movimientos. Dicho de otro modo. La pintura tiene una serie de aspectos; y la importancia relativa de cualquiera de estos aspectos se evaluará de forma diferente según las creencias de un pintor o crítico, en la medida en que les resulte el mejor modo en que se pueden desarrollar o sostener los valores tradicionales de la pintura. Pero no hay una manera segura en la que se pueda establecer de antemano o por principio la corrección o incorrección de tal creencia. El resultado es que, mientras exista la pintura tal y como la conocemos, siempre habrá (o se esperará que existan) varias vías que preserven mejor los valores tradicionales de la pintura. Como dice la canción infantil, el león y el unicornio (clasicistas y románticos, impresionistas y postimpresionistas, pintores abstractos y expresionistas) lucharán siempre por la corona. "Pintura", cuando hoy en día se utiliza como una "palabra de éxito", con el significado de "pintura real", "pintura genuina", "pintura que nos recuerda de lo que es capaz la pintura", etc., es expresión de un concepto esencialmente disputado.[10]

10. Lo mismo vale para términos tan ostensiblemente neutrales como "tono", "unidad", "profundidad", cuando los usan críticos que escriben desde puntos de vista estéticos radicalmente diferentes.

Cuando nuestro sencillo amante del arte haya escuchado la explicación del historiador y haya apreciado la moraleja o brillo estético que le he añadido, debería sentir al menos un alivio respecto de su desconcierto anterior. Comprenderá que la situación en la crítica contemporánea (en la medida en que consiste en una babel de voces en conflicto) es perfectamente natural: irritante, sin duda, pero no por ello del todo deplorable, como tampoco lo son las afirmaciones rivales y a menudo contradictorias de los partidos políticos en pugna. Si el bienestar político puede ser promovido por medio del mecanismo del gobierno de partidos, ¿por qué no deberían el arte y su apreciación verse ayudados por una competencia hasta cierto punto análoga entre diferentes escuelas de artistas y sus intérpretes críticos o partidarios?

Ahora querría sugerir que deberíamos valorar de una manera muy similar las cuatro o cinco teorías o definiciones clásicas del arte más importantes: es decir, considerarlas como intentos altamente abstractos –y a menudo muy equivocadamente generalizados– de hacer que ciertas preferencias actuales en la crítica se ajusten al marco de sistemas filosóficos particulares. En apoyo a esta sugerencia, podemos recordar que los desarrollos más interesantes en estética generalmente se debieron a escritores que no eran filósofos en absoluto, sino hombres de gran perspicacia en dos o más de las artes, y exponentes de gran relevancia en uno u otro movimiento de renovación proyectiva y sentimental en la apreciación crítica de estas artes. Algunos ejemplos serían Addison, Burke, Vico, Coleridge, Baudelaire, Nietzsche o Péguy, y en nuestros días, T. S. Eliot y André Malraux. Estas personas expresan nuevos estándares y objetivos en algún campo artístico con tanta fuerza que acaban por ejercer una influencia considerable en los críticos de *otras* artes, de modo que sus enseñanzas y prescripciones acaban siendo aplicadas, a menudo con mucho menos acierto, a las artes en general. Llegados a este punto cabría sugerir que el filósofo de la estética las retoma, y procede a preparar una versión deshidratada del mensaje de uno de esos grandes críticos, para integrarla en su sistema filosófico.

Cualesquiera que sean las deficiencias de esta explicación del surgimiento de la estética filosófica, no peca de lisonjera. Todo sea para bien, ya que sospecho que la vehemencia con la que los filósofos de la estética han sido recientemente derrotados por sus críticos se debe al hecho de que estos críticos, en lo más profundo de su corazón, han albergado demasiadas esperanzas respecto a lo que podría lograr una estética general. Dejemos bien en claro, entonces, lo poco que podemos esperar de cualquier teoría general y omniabarcadora del arte. Las proposiciones deben limitarse a esos pocos y acaso aburridos aspectos en los que *todas* las obras y *géneros* de arte pueden

38

compararse fructíferamente.[11] Nadie querrá negar que se puedan hacer comparaciones fructíferas entre ejemplos de formas de arte diferentes: nadie querrá negar el estrecho parentesco de la pintura con la escultura o con el diseño abstracto, de cierto tipo de música con la danza y con ciertas formas de poesía: la posibilidad de *combinar* estas formas de arte que por lo general están separadas, habla por sí sola. De forma similar, gran parte de la mejor crítica de los últimos doscientos años nos obliga a reconocer una "parentela", más laxa pero aún de utilidad para fines interpretativos, entre, por ejemplo, las artes literarias y las plásticas. Pero los cimientos de cualquier comparación fructífera entre todas las artes solo pueden ser de un tipo muy abstracto: no cabe comparación alguna con respecto a propiedades observables o indicables. De hecho, parecería que la única comparación posible entre todas las obras de arte exitosas debe ser con respecto a cosas tales como su originalidad, su alcance o superación de los estándares

11. Antes que cualquiera de las proposiciones generales de la estética filosófica, es posible que sean realmente más profundas, que tengan una mayor afinación metafísica, y desde luego que sean más susceptibles de dar profundidad a nuestras respuestas a las artes, aquellas reflexiones (de los poetas, entre otros creadores) que sean de menor amplitud generalista y se centren, por ejemplo, en "el misterio de la palabra", en la capacidad evocadora de los tonos y colores, o la "correspondencia" de estos con otras cualidades sensoriales.

tradicionales, su "totalidad orgánica", su efecto comunicativo. Tales cosas son claramente especies de la categoría general de "éxito" o "logro": pero todas ellas son subcategorías que se aplican a muchas otras cosas aparte de las obras de arte. De ahí la dificultad más característica de todas las teorías estéticas clásicas: especificar algún significado de una de estas categorías de modo que pueda aplicarse a todas las obras de arte, y a nada más. Y los resultados son decepcionantes de un modo que nos resulta familiar: la incapacidad a la hora de especificar significados con suficiente precisión resulta en una teoría irremediablemente vaga, mientras que una especificación más estricta significa la exclusión de algo esencial, al menos para *algunas* obras de arte. Una manera bastante obvia de superar esta dificultad sería sugerir –y así lo haré– que cierta combinación de esos tipos de éxito o logro se aplica a todas las obras de arte, y a nada más. Pero esta sugerencia deja sin explicar el sorprendente hecho de que casi todos los filósofos de la estética (y muy a la zaga de ellos también los críticos más importantes y creativos) han tratado de definir el arte por medio de una noción o categoría clave. Este punto, sin embargo, podría explicarse si logramos mostrar que el concepto de arte, además de ser esencialmente complejo, también es esencialmente disputado.

Intentemos por consiguiente observar a lo largo de la historia del concepto de arte (¡qué suerte tenemos de que

40

sea una historia corta y sencilla!) cómo se gestó su esencial complejidad y su carácter esencialmente disputado. La estética filosófica –aparte del brillante proemio que fue Platón– es una creación del siglo XVIII. Desde entonces, ¿de qué éxitos puede presumir? Quizás se diga una sola cosa: su reivindicación de la autonomía o unicidad de los valores artísticos. Sin embargo, esta afirmación, como acabamos de exponer, puede resultar muy engañosa, pues sugiere por un lado que la excelencia artística consiste en una única cosa o propiedad (intuición-expresión o comunicación o unidad configuracional, o lo que se quiera), por otro lado, alternativamente, si es compleja entonces todos sus ingredientes están recluidos en la esfera del arte; y ambos argumentos, creo, son ciertamente falsos. Creo que lo que es válido en esta primera afirmación en favor de la estética filosófica se podría expresar mejor diciendo lo siguiente: su historia revela un creciente reconocimiento del hecho de que la palabra "arte" se emplea más útilmente, no como un término descriptivo que representa ciertas propiedades que pueden indicarse y clasificarse, sino como un término evaluativo que acredita un cierto tipo de logro. Esta verdad (aunque, por supuesto, expresada de manera diferente) me parece que se fue aclarando progresivamente en los escritos de los pensadores idealistas de la estética, desde Kant hasta Hegel, pasando por Croce y Collingwood. Al mismo tiempo, ninguno de estos idealistas, con la excepción de Kant, mostró ninguna apreciación de la complejidad esencial de cada logro artístico; y todavía tenemos que ver de qué modo la historia del concepto de arte nos obliga a reconocer esta complejidad.

La estética del siglo XVIII heredó una estética ingenua tradicional, y ya ésta tenía como mínimo un carácter doble. Combinaba un elemento de representacionismo (ilusionismo, imitación de la naturaleza) con un elemento de idealización (a veces concebida en términos de relaciones formales "correctas"). El primero de estos elementos no sobrevivió mucho tiempo en la historia de la estética: hay algunas artes que son manifiestamente no-representativas. Pero el segundo elemento puede ser considerado como el prototipo de las teorías "configuracionistas" posteriores. Ahora bien, para casi todas las teorías "configuracionistas", la excelencia artística es una propiedad inherente o residente en la propia obra de arte. El artista debe trabajar para que la excelencia se instale en la obra; el espectador la encuentra allí; pero enfáticamente *está allí*, y no en la imaginación, ni en la percepción o el juicio de nadie. Evidentemente, desde este punto de vista, decir de cualquier obra de arte (supuestamente) "buena" que acabará siendo admirada por jueces competentes, es hacer una aseveración *sintética*. Las teorías estéticas subjetivistas del siglo XVIII negaron esto, argumentando de manera muy persuasiva que cualquier excelencia que atribuyamos a una obra de arte puede describirse y valorarse más adecuadamente en términos de estados mentales, por ejemplo ciertas respuestas de placer en el espectador culto y adecuadamente situado. Así, el primer paso relevante en la historia de la estética fue desplazar la atención lejos de la cosa; alejarla de la obra de arte y dirigirla al espectador que la disfruta. El segundo paso es obra del movimiento romántico: la atención se desplaza del espectador cultivado al artista creador. Por ridículamente excesivo e inútil que haya podido ser para todos los fines de la crítica el culto romántico al genio individual, este sirvió, no obstante, para subrayar una lección importantísima. La estética del siglo XVIII había establecido al espectador-crítico como el lugar adecuado y preferente del valor estético. Pero el gusto de los críticos como tales es por lo ya logrado, por lo *déjà fait*. De ahí la justificación de la frase de Wordsworth: "Todo escritor grande y original... debe crear el gusto merced al cual el público disfruta de su obra". La frescura, la originalidad, la espontaneidad, la creación misma, se admitían como excelencias artísticas antes de que los románticos hicieran de ellas su enseña: sin embargo, los románticos dieron a estos valores un énfasis que nunca antes habían recibido y que probablemente nunca pierdan. El tercer paso importante también puede conectarse al movimiento romántico, a su reconocimiento de la validez de muchas tradiciones *diferentes*, aunque el pleno

43

desarrollo de esta idea tuvo que esperar hasta este siglo. El artista individual puede ser un genio originario no reconocido, o un autointoxicado imbécil, *bombinans in vacuo*; pero su inadecuación como sede o fuente de valor artístico puede subsanarse por medio de los valores tradicionalmente aceptados en cualquier estilo o género artístico, en los cuales da comienzo todo artista genuino o toda obra de arte genuina, ya sea para sostenerlos, para desarrollarlos, reformarlos o revolucionarlos. Sólo en referencia a tales valores se puede evaluar el valor original (o conservador) de toda obra de arte. Mientras tanto, el cuarto paso ya lo había dado la única figura verdaderamente titánica de nuestra historia. Con Tolstoi, la atención se desplaza (del objeto, del espectador-crítico, del artista individual y de la tradición dentro de la cual trabaja) a la relación adecuada entre artista y público. El arte es una comunicación exitosa, y su valor propio yace simplemente en que se produce un cierto tipo elemental de comunicación. El arte ya no debe valorarse como una mercancía, como una coleccionable reliquia personal, como una exhibición de original virtuosismo o de disciplina tradicional. Se proclama como un vínculo esencial de unión entre los hombres, como una necesidad de la vida humana.

En este resumen de la historia estética vemos los fundamentos principales –y una muy real justificación– de cinco de los principales tipos de teoría estética: teorías configuracionistas, teorías de la contemplación y respuesta estética (generalmente sustentadas en términos psicológicos, y habitualmente hedonistas, aunque no sea algo necesario), teorías del arte como expresión, teorías que subrayan los objetivos y estándares tradicionales, y teorías de la comunicación. Cada una de ellas dio expresión, de forma extremadamente abstracta, a movimientos poderosos y justificables en la historia precedente (o en el caso de Tolstoi, en la historia posterior) de las artes y de la crítica de arte. Cada una, desde que fue propuesta por primera vez, ha sido candidata al título de teoría verdadera, única teoría satisfactoria y realizable del arte. Cada una de ellas todavía es capaz de suscitarnos cierta simpatía. Pero tomada individualmente, en lo que respecta a sus pretensiones exclusivas de definir o aclarar el concepto de arte, es totalmente inaceptable. La evidencia histórica confirma esta conclusión, que igualmente podría habernos sugerido un análisis "fenomenológico" directo de nuestra actitud valorativa hacia las artes.

No obstante, ¿no podríamos intentar combinar estas teorías para identificar una única definición concisa del arte, o más exactamente, de las formas en que los logros característicos de las diferentes artes puedan compararse fructíferamente? Bueno, no hay nada que nos detenga, y no hay nada que sea más fácil.

Podríamos escribir:

(1) "Cualquier obra de arte exitosa –generalmente indivi-dual, aunque a veces colectiva– es el logro, en relación a ciertos estándares tradicionalmente aceptados, de una uni-dad configuracional original, que por su propia naturaleza es comunicable y apta para ser recibida y contemplada, por sí misma, por un cierto tipo de público, para el placer de ese público".

Por supuesto, se trata de una oración muy torpe, y es un ejercicio interesante tratar de eliminar esa torpeza reorde-nando las proposiciones que la componen. No obstante, este experimento obtiene el interesante resultado de que los cambios en su orden interno generan cambios de énfa-sis. La afirmación anterior destaca ese aspecto de un logro alcanzado, ya sea personal o colectivo, en relación a los estándares tradicionales. Supongamos, sin embargo, que redactamos la siguiente definición:

(2) "Cualquier obra de arte exitosa es la comunicación, a un público que está preparado para recibirla, de una uni-dad configuracional original que se expresa en virtud de sí misma, para el placer de ese público... etc.",

entonces evidentemente estaríamos otorgando un lugar de honor y un énfasis especial al elemento de comunica-ción. Y así podríamos proceder (aunque no puedo fingir haber llevado a término el experimento) para todos los ciento veinte posibles ordenamientos de las proposiciones que componen nuestra definición.

Ahora bien, esto ilustra un hecho de enorme relevancia para nuestra discusión. Los diferentes aspectos del logro artístico destacados por las diferentes teorías estéticas[12] se clasifican de forma *natural* en diferentes órdenes de importancia, no tanto por las diferentes preferencias personales de críticos y estetas, como por la condición general de la crítica y de las propias artes (o de cualquier disciplina artística que esté avanzando de forma importante) en un momento particular. Esto supone, por ejemplo, que fue algo natural y en cierto sentido justificable, que los románticos hubieran convertido su culto al genio en una estética expresionista: natural y justificable, esto es, como una especie de complemento y correctivo al culto excesivo al gusto, propio del siglo XVIII. Y exactamente la

12. Desde luego, los filósofos de la estética habitualmente van más allá de esto y excluyen de toda consideración *todos excepto uno* de los diferentes aspectos del logro artístico que hemos discutido. Pero de hecho, al elaborar sus teorías están menos centrados en una sola idea de lo que pueda parecer por sus definiciones formales. Una y otra vez los sorprendemos dejando entrar, casi anónimamente y por la puerta de atrás, "consideraciones subordinadas" (esto es, aspectos adicionales de la excelencia artística) que sus definiciones formales excluyen; no obstante, si no se remitieran a ellas sus teorías serían patentemente unilaterales e inverosímiles.

misma afirmación –o excusa– podría hacerse respecto a la concepción de Tolstoi, que identificaba el valor artístico con el valor de un cierto tipo de comunicación; e incluso nos valdría para la muy cuestionable conclusión práctica que él extrajo de esta identificación. Desde luego, como analistas filosóficos debemos intentar hacer justicia a las muchas unilateralidades y complejidades intrínsecas de la excelencia artística; y cuando pensamos como filósofos debemos condenar, como irremediablemente unilaterales, las afirmaciones de los románticos o de Tolstoi. Pero si pensamos y hablamos del arte, es decir, si nos adentramos en el campo de la fructífera comparación entre las diferentes artes, no lo hacemos sólo como filósofos. También pensamos y hablamos de ello en este sentido, a saber: como amantes y entusiastas del arte, como protagonistas o seguidores de algún movimiento de opinión crítica. En el ejercicio de esta función, nos servimos del término arte en argumentos particulares dirigidos, por ejemplo, a mostrar la justificación de algún nuevo desarrollo dentro de ciertas formas clásicas de arte, o entre ellas. En general la forma especial del concepto de arte que favorecemos ampliará el rango de nuestras simpatías estéticas en ciertas direcciones, y lo reducirá en otras. Pero cuando empleamos o nos apoyamos en nuestro concepto de arte para ejercer la crítica directamente y en persona, y cuando presionamos o nos resistimos a la afirmación de que una obra, género o estilo en particular debe ser considerado "arte", inevitablemente estaremos utilizando el término de una manera disputable (y a menudo de un modo en que resulta inmediatamente disputada). Lo que decimos puede reconocerse fácilmente como apreciación o crítica desde el punto de vista (excesivamente unilateral) "configuracionista", "expresionista" o "comunicacionista".

Mi tesis ha sido que esta situación no debería sorprendernos ni escandalizarnos; pues, siendo las artes el tipo de actividad que son –en constante expansión, siempre reviviendo y promoviendo valores heredados de una larga y compleja tradición–, el carácter que he identificado en el concepto de arte es exactamente el que deberíamos esperar. Sin duda, me imagino que si oyéramos hablar de una sociedad cuyas valoraciones estéticas mostraran tan alto grado de uniformidad, tanto en lo que respecta a las valoraciones particulares como en lo que atañe al punto de vista general, como es el caso de nuestras valoraciones de los logros científicos, entonces nos veríamos inclinados a decir que, por muy *artísticamente dotados* que pudieran ser algunos de sus miembros, su producción y disfrute de obras de arte, es decir, su vida artística, nos parecería tristemente limitada. Incluso podría plantearse la cuestión de si, en el sentido que le damos al término, tenían una adecuada apreciación de las obras de arte. En cualquier caso, esta suposición nos ayuda a reconocer que la uniformidad

49

de juicio y valoración, aunque tan necesaria en muchos campos de actividad, de ninguna manera sería necesaria o acaso deseable en todos ellos. Sea cual sea el campo de actividad en el que se valoran los logros alcanzados, ya sea porque renuevan una tradición altamente compleja, o porque la hacen avanzar, el punto de vista desde el cual planteamos nuestras valoraciones –nuestro concepto de ese logro en cuestión– sería del tipo que he denominado "esencialmente disputado".[13]

W. B. GALLIE
Queen's University of Belfast.

"Art as an Essentially Contested Concept"
The Philosophical Quarterly, Vol. 6, nª 23, abril 1956
Traducción de Antonio J. Antón Fernández

---

13. Para un análisis completo de este tipo de conceptos, véase mi artículo "Essentially Contested Concepts" en los *Aristotelian Society Proceedings*, nueva serie, vol. LVI, marzo de 1956. Traducción española: W. B. Gallie, *Conceptos esencialmente disputados*, Ediciones Sequitur, Madrid, próximamente.

NOCIÓN GENERAL DEL ARTE

Paul Valéry

I. La palabra ARTE significó primero *manera de hacer*, y nada más. Esta acepción ilimitada cayó en desuso.

II. Después, el término se circunscribió poco a poco a designar la *manera de hacer* en todos los tipos de acción voluntaria, o instituida por la voluntad, cuando dicha manera supone en el agente una preparación, o una educación o, cuando menos, una atención especial, y el resultado a alcanzar puede lograrse a través de distintos modos de operación. Se dice de la Medicina que es un Arte, se dice también de la Caza, de la Equitación, del modo de vida o del razonar. Hay un arte del caminar, un arte del respirar: incluso un arte del callar.

Puesto que los distintos modos de operación que tienden al mismo fin no presentan, en general, la misma eficacia o la misma economía, y no están, por otra parte, igualmente disponibles para un ejecutante dado, la noción de la calidad o del valor de la *manera de hacer* se introduce naturalmente en el sentido de nuestra palabra. Decimos: el *Arte de Tiziano*.

Pero este lenguaje confunde dos rasgos que se atribuyen al autor de la acción: uno es su aptitud singular e innata, su propiedad personal e intransmisible; el otro consiste en su "saber", la experiencia que adquirió que sí es expresable y transmisible. En la medida en que pueda aplicarse esta distinción, se deduce de ella que *todo arte puede aprenderse*, pero no *todo el arte*.

No obstante, la confusión de esos dos caracteres es casi inevitable, pues su distinción es más fácil de enunciar que de discernir en la observación de cada caso específico.

Toda adquisición exige al menos un cierto don para adquirir, mientras que la aptitud más notoria, la mejor inscrita en una persona, puede quedar sin efecto, o sin valor ante terceros –e incluso permanecer ignorada por su propio poseedor– si ninguna circunstancia exterior o contexto favorable la despiertan, o si los recursos de la cultura no la alimentan.

En resumen, el ARTE, en ese sentido, es la calidad de la *manera de hacer* (sea cual sea el objeto), lo que supone la *desigualdad de los modos de operación*, y por lo tanto de los resultados –como consecuencia de la *desigualdad de los agentes*.

III. Ahora es preciso añadir a esta noción de ARTE nuevas consideraciones que expliquen cómo ha llegado a designar la producción y disfrute de determinado tipo de obras. Hoy en día distinguimos la *obra del arte*, que puede ser una fabricación o una operación de un tipo y unos fines cualquiera, de *la obra de arte*, de la que procuraremos delimitar sus características esenciales. Se trata de responder a la pregunta: "¿En qué reconocemos que un objeto es *obra de arte*, o que un sistema de actos se realiza con vistas al *arte*?".

IV. El carácter más evidente de una *obra de arte* puede llamarse *inutilidad*, siempre que se tengan presentes las siguientes consideraciones:

La mayoría de las impresiones y percepciones que recibimos de nuestros sentidos no desempeñan ninguna función en el funcionamiento de los aparatos esenciales para la conservación de la vida. Aportan a veces algunos desajustes o algunas variaciones de régimen, bien sea por su intensidad, bien para movernos o conmovernos como *signos*; pero es fácil constatar que de las innumerables excitaciones sensoriales que nos asedian en cada instante, sólo una parte notablemente débil, y casi infinitamente pequeña, resulta necesaria o utilizable para nuestra existencia puramente fisiológica. El ojo de un perro ve los astros; pero el ser de este animal no da ningún curso a esa

53

visión: la anula de inmediato. El oído de ese perro percibe un ruido que lo alerta e inquieta; pero su ser sólo absorbe de ese ruido lo necesario para sustituirlo con una acción inmediata y enteramente determinada. No se recrea en la percepción.

Así, la mayoría de nuestras sensaciones son inútiles respecto de nuestras funciones esenciales, y aquellas que nos sirven para algo son puramente transitivas, inmediatamente sustituidas por representaciones, o decisiones, o actos.

V. Por otro lado, la consideración de nuestros actos posibles nos lleva a yuxtaponer (cuando no a conjugar) a la idea de *inutilidad* antes señalada, la de *arbitrariedad*. Lo mismo que recibimos más sensaciones de las necesarias, poseemos también más combinaciones de nuestros órganos motores y de sus acciones de las que necesitamos, estrictamente hablando. Podemos trazar un círculo, mover los músculos de nuestro rostro, andar con ritmo, etc.

Podemos, en particular, hacer uso de nuestras fuerzas para dar forma a una materia independientemente de toda intención práctica, y descartar o abandonar después ese objeto que hemos hecho; siendo esta fabricación y este rechazo, respecto a nuestras necesidades vitales, idénticamente irrelevantes.

VI. Dicho esto, podemos hacer corresponder a cada individuo un campo relevante de su existencia, constituido por el conjunto de sus "sensaciones inútiles" y de sus "actos arbitrarios". La invención del Arte ha consistido en intentar conferir a aquéllas una especie de *utilidad*; y a éstos, una especie de *necesidad*.

Pero esta utilidad y esta necesidad no tienen en absoluto el carácter evidente y universal de la utilidad y de la necesidad vitales de las que se ha hablado antes. Cada persona las experimenta según su naturaleza y las juzga o dispone de ellas soberanamente.

VII. Entre nuestras impresiones inútiles, puede ocurrir que algunas sin embargo se nos imponen y nos inciten a desear que se prolonguen o renueven. También tienden a veces a hacernos esperar otras sensaciones del mismo orden que satisfagan una forma de necesidad que han creado.

La vista, el tacto, el olfato, el oído, el moverse, nos inducen así, de cuando en cuando, a recrearnos en el sentir, a actuar para acrecentar sus impresiones en intensidad y duración. Esta acción que tiene a la sensibilidad como origen y fin, al tiempo que la sensibilidad la guía también en la elección de sus medios, se distingue claramente de las acciones del orden práctico. Estas, en efecto, responden a necesidades o pulsiones que se extinguen una vez satisfechas. La sensación de hambre cesa en el hombre saciado, y las imágenes que ilustraban esa necesidad se desvanecen. Cosa muy distinta ocurre en el ámbito de la sensibilidad exclusiva a la que nos referimos: la satisfacción hace renacer el *deseo*; la *respuesta* regenera la *demanda*; la *posesión* provoca un *apetito* creciente por la cosa poseída: en una palabra, la *sensación* exalta su *espera* y la reproduce, sin que ningún término claro, ningún límite seguro, ninguna acción resolutoria pueda abolir directamente ese efecto de recíproca excitación.

Organizar un sistema de cosas sensibles que tenga esta propiedad, este es el meollo del problema del Arte; condición necesaria pero muy lejos de ser suficiente.

VIII. Es conveniente insistir un poco sobre el punto precedente y apoyarse, para resaltar su importancia, en un fenómeno particular, debido a la sensibilidad retinal. A partir de una fuerte impresión en la retina, este órgano responde al color que le ha impresionado mediante la emisión "subjetiva" de otro color, llamado *complementario* del primero, y enteramente determinado por éste, que cede a su vez ante una reiteración del precedente, y *así sucesivamente*. Esta especie de oscilación seguiría indefinidamente si el agotamiento del órgano no le pusiera fin. Este fenómeno muestra que la sensibilidad local puede comportarse como *productora aislable* de impresiones sucesivas y de alguna manera simétricas, de las que cada una parece generar necesariamente su "antídoto". Ahora bien, por una parte, esta propiedad local no desempeña ninguna función en la "visión útil" –que, por el contrario, sólo puede enturbiar. La "visión útil" no retiene de la impresión más que lo necesario para inducir a pensar en otra cosa, para despertar una "idea" o provocar un acto. Por otra parte, la correspondencia uniforme de los colores por parejas de complementarios define un sistema de relaciones, pues a cada color actual responde un color virtual, a cada sensación coloreada una sustitución definida. Pero estas relaciones y otras semejantes que no desempeñan ningún papel en la "visión útil", ejercen una función muy importante en esa organización de las cosas sensibles y en ese propósito de conferir una especie de necesidad o de utilidad secundarias a impresiones sin valor vital, que hemos considerado antes como fundamentales para la noción de ARTE,

IX. Si, de esta propiedad particular de la retina estremecida, pasamos a las propiedades de los miembros del cuerpo y particularmente a los más móviles; y si observamos las posibilidades de hacer movimientos y esfuerzos ajenos a toda utilidad, veremos que hay en esas posibilidades una infinidad de asociaciones entre sensaciones táctiles y sensaciones musculares, mediante las cuales se realiza la condición de correspondencia recíproca, de reanudación o prolongación indefinida de la que hemos hablado. *Palpar un objeto*, no es otra cosa que buscar con la mano un determinado *orden de contactos*; si, reconociendo o no ese objeto (ignorando, por lo demás, lo que de él sabemos por el espíritu), nos vemos *llevados o inducidos a recuperar indefinidamente nuestra maniobra envolvente*, perdemos poco a poco el sentimiento de la arbitrariedad de nuestro acto y nacerá en nosotros el de una determinada *necesidad* de repetirlo. Nuestra necesidad de volver a hacer el movimiento y de completar nuestro conocimiento local del objeto nos indica que su forma es *más propicia que otra* para alimentar nuestra acción. Esta forma favorable se opone a todas las formas posibles, pues nos incita de modo singular a proseguir sobre ella un intercambio de sensaciones motrices y de sensaciones de contacto y contraste que, gracias a ella, se tornan como *complementarias* unas de otras, remitiéndose unos a otras los desplazamientos y las presiones de la mano. Si luego buscamos modelar en una materia adecuada una forma que satisfaga la misma condición, estaremos haciendo *obra de arte*. Podríamos expresar todo eso burdamente hablando de "sensibilidad creadora"; pero se trata de una expresión ambiciosa, que promete más de lo que cumple.

X. En resumen, existe toda una actividad enteramente prescindible para el individuo en lo que a su conservación inmediata se refiere. Se opone además a la actividad intelectual propiamente dicha, pues consiste en un desarrollo de sensaciones que tiende a repetir o a prolongar aquello que lo intelectual tiende a eliminar o a superar –lo mismo que tiende a abolir la sustancia auditiva y la estructura de un discurso para llegar a su sentido.

XI. Pero, por otra parte, esta actividad se opone ella misma y por sí misma al ocio vacío. La *sensibilidad*, que es su principio y su fin, tiene *horror del vacío*. Reacciona espontáneamente contra la rarefacción de las excitaciones. Todas las veces que una duración sin ocupación ni preocupación se impone al hombre, se produce en él un cambio de estado marcado por una especie de emisión, que tiende a restablecer el equilibrio de los intercambios entre la *potencia* y el *acto* de la sensibilidad. El dibujo de un ornamento en una superficie demasiado desnuda, el nacimiento de un canto en un silencio excesivamente presente, no son sino respuestas, complementos, que compensan la ausencia de excitaciones –como si esta *ausencia*, que expresamos con una simple negación, *actuara positivamente sobre nosotros.*

Podemos vislumbrar aquí el germen mismo de la producción de la obra de arte. La conocemos por ese carácter

59

de que ninguna "idea" que pueda despertar en nosotros, ningún acto que nos sugiera, la termina o la agota: por mucho que respiremos una flor que agrada el olfato, no podernos acabar con ese perfume cuyo disfrute reanima la necesidad; y no hay recuerdo, ni pensamiento, ni acción que anule su efecto y nos libere *exactamente* de su poder. He aquí lo que persigue quien quiere hacer *obra de arte*.

XII. Este análisis de hechos elementales y esenciales en materia de arte, conduce a modificar bastante profundamente la noción que suele tenerse de la sensibilidad. Agrupamos bajo ese nombre propiedades puramente receptivas o transitivas, pero hemos visto que también hay que atribuirle virtudes productivas. De ahí que hayamos insistido sobre los complementarios. Si alguien ignorara el color *verde* por nunca haberlo visto, bastará que mire fijamente por un tiempo un objeto *rojo* para obtener de sí mismo la sensación todavía desconocida.

Hemos visto igualmente que la sensibilidad no se limita a responder, sino que puede preguntar y contestarse.

Todo esto no se limita a las sensaciones. Si se observa atentamente la producción, los efectos, las curiosas sustituciones cíclicas de las imágenes mentales, encontraremos las mismas relaciones de contraste, de simetría, y sobre todo el mismo régimen de indefinida regeneración que hemos observado en los ámbitos de la sensibilidad especializada. Esas formaciones pueden ser complejas, desarrollarse ampliamente, reproducir las apariencias de los accidentes de la vida exterior, combinarse a veces con las exigencias de orden práctico, no por ello dejarán de participar de los modos que hemos descrito, referidos a la sensación pura. En particular, la necesidad de volver a ver, de volver a escuchar, de sentir indefinidamente es algo característico. El aficionado de la forma acaricia sin cansarse el bronce o la piedra que encanta su sentido del tacto. El aficionado a la música repite o canturrea la melodía que le sedujo. El niño exige la repetición del cuento y grita: ¡otra vez!...

XIII. De estas propiedades elementales de nuestra sensibilidad la industria del hombre ha obtenido aplicaciones prodigiosas. La cantidad de obras de arte producidas a lo largo de los siglos, la diversidad de medios, la variedad de tipos de instrumentos de la vida sensorial y afectiva, maravillan. *Pero todo ese inmenso desarrollo sólo ha sido posible gracias a aquellas de nuestras facultades en las que la sensibilidad tiene una función secundaria.* Aquellos de nuestros poderes que no son inútiles, y sí indispensables o útiles para nuestra existencia, han sido cultivados por el hombre, y hechos más potentes y precisos. El hombre domina la materia cada vez con más fuerza y exactitud. El Arte ha sabido aprovecharse de estas ventajas, y las distin-

61

tas técnicas creadas para atender a las necesidades de la vida práctica han prestado al artista sus herramientas y procedimientos. Por otra parte, el intelecto y sus caminos abstractos (lógica, métodos, clasificaciones, análisis de los hechos y crítica, que a veces se oponen a la sensibilidad, pues proceden siempre, a diferencia de ella, hacia un límite, persiguiendo un fin determinado –una fórmula, una definición, una ley–, y tienden a agotar, o a sustituir con signos convencionales toda la experiencia sensorial), han aportado al Arte el apoyo (más o menos acertado) del pensamiento retomado y reconstruido, constituido en operaciones distintas y conscientes, rico en notaciones y en formas de una generalidad y de una potencia admirables. Esta intervención ha dado, entre otros efectos, nacimiento a la Estética –o mejor, a las diversas Estéticas–, que, considerando el Arte como un problema de conocimiento, han intentado reducirlo a ideas. Dejando de lado la Estética propiamente dicha, que pertenece a los filósofos y a los sabios, el papel del intelecto en el Arte merecería un estudio en profundidad que aquí sólo podemos apuntar. Baste aludir a las innumerables "teorías", escuelas, doctrinas, que han creado o seguido tantos artistas modernos, y a las infinitas disputas en las que se agitan los eternos e idénticos personajes de esta "Commedia dell'Arte": *la Naturaleza, la Tradición, lo Nuevo, el Estilo, lo Verdadero, lo Bello*, etc.

XIV. El Arte, considerado como actividad en la época actual, ha tenido que someterse a las condiciones de la generalizada vida social de esta época. Ha ocupado un lugar en la economía universal. La producción y el consumo de las obras de arte han dejado de ser completamente independientes una de otro. Tienden a organizarse. La carrera del artista vuelve a ser lo que fue, en los tiempos en que se le consideraba un practicante, es decir, una profesión establecida. El Estado, en muchos países, intenta administrar las artes; se ocupa de conservar las obras, las "fomenta" como puede. En algunos regímenes políticos, intenta asociarlas a su acción persuasiva, imitando así lo que desde siempre han hecho las religiones. El Arte ha recibido del legislador un estatuto que define la propiedad de las obras y sus condiciones de ejercicio, y que consagra la paradoja de una duración limitada asignada a un derecho más fundamentado que la mayor parte de aquellos que las leyes eternizan. El Arte tiene su prensa, su política interior y exterior, sus escuelas, sus mercados y sus bolsas de valores; tiene incluso sus grandes bancos de depósitos, en los que poco a poco se acumulan los enormes *capitales* que han producido siglo tras siglo los esfuerzos de la "sensibilidad creadora": museos, bibliotecas, etc.

Se acerca así a la Industria utilitaria. Por otra parte, las numerosas y sorprendentes modificaciones de la técnica general que hacen imposible toda previsión en cuales-

63

quiera orden, deben necesariamente afectar cada vez más los destinos del Arte en sí mismo, al crearse medios completamente inéditos de practicar la sensibilidad. Ya las invenciones de la Fotografía y del Cinematógrafo transforman nuestra noción de las artes plásticas. No es en absoluto imposible que el análisis muy sutil de las sensaciones que ciertos modos de observación o de registro (como el Oscilógrafo catódico) permiten anticipar, aboque a imaginar procedimientos de acción sobre los sentidos, junto a los cuales la música misma, incluso la de las "ondas", parecerá complicada en su maquinismo y anticuada en sus objetivos. Entre el "fotón" y la "célula nerviosa" pueden establecerse relaciones ciertamente sorprendentes.

No obstante, distintos indicios permiten temer que el incremento de intensidad y de precisión, y el estado de desorden permanente en las percepciones y los espíritus que engendran las poderosas novedades que han transformado la vida del hombre, tornen su sensibilidad cada vez más obtusa y su inteligencia menos ágil de lo que fue.

"Notion générale de l'art", publicado en el núm. 266 de la *Nouvelle Revue française* del 1º de noviembre de 1935. Traducción de Carmen Santos

64

LA OBRA DE ARTE

Jean-Paul Sartre

No queremos abordar aquí el problema de la obra de arte en su conjunto. Aunque dependa estrechamente de la cuestión de lo Imaginario, para tratarlo habría que escribir una obra especial. Pero parece que ya es hora de que hagamos las conclusiones de los largos estudios en que hemos tomado como ejemplo una estatua o el retrato de Carlos VIII o una novela. Las observaciones que se dan a continuación conciernen esencialmente al tipo existencial de la obra de arte. Y ya podemos formular la principal: la obra de arte es un irreal.

Esto se nos presentó claramente cuando, por ejemplo, considerábamos, con una actitud completamente distinta, el retrato de Carlos VIII. Comprendimos primero que este Carlos VIII era un objeto. Pero claro está que no es el mismo objeto que el cuadro, el lienzo, las capas reales de pintura. En tanto que consideremos el lienzo y el marco por sí mismos, el objeto estético Carlos VIII no aparecerá. No es que quede escondido por el cuadro, es que no se puede dar a una conciencia realizante. Aparecerá en el momento en que la conciencia, al llevar a cabo una conversión radical que supone el anonadamiento del mundo, se constituya a sí misma como imaginante. Ocurre aquí como con esos cubos que pueden verse, según se quiera, cinco o seis. No sería justo decir que cuando se ven cinco se *oculta* el aspecto del dibujo en el que, aparecerán seis, sino que más bien no pueden verse *a la vez* cinco y seis. El acto intencional que los aprehende como siendo cinco se basta a sí mismo, está completo y es *exclusivo* del acto que los aprehendía como seis. Así ocurre con la aprehensión del Carlos VIII en imagen que figura en el cuadro. Este Carlos VIII figurado por fuerza es correlativo del acto intencional de una conciencia imaginante. Y como este Carlos VIII, que es un *irreal*, en tanto que aprehendido en el lienzo, es precisamente el objeto de nuestras apreciaciones estéticas (de él diremos que es "conmovedor", que está "pintado con inteligencia, con fuerza, con gracia", etc.), nos vemos forzados a reconocer que, en un cuadro, el objeto estético es un *irreal*.

Esto es de bastante importancia si pensamos en la confusión que se hace ordinariamente en la obra de arte entre lo real y lo imaginario. En efecto, es frecuente oír decir que el artista primero tiene una idea en una imagen que luego

66

realiza en la tela. El error consiste aquí en que el pintor, en efecto, puede partir de una imagen mental que, como tal, es incomunicable, y en que, al final de su trabajo, entrega al público un objeto que todos pueden contemplar. Se piensa entonces que se ha pasado de lo imaginario a lo real. Pero no es verdad de ninguna manera. Lo que es real –y no nos cansaremos de afirmarlo– es el resultado de las pinceladas, el empastado de la tela, su grato, el barniz que se ha pasado sobre el color. Pero precisamente nada de esto es el objeto de las apreciaciones estéticas. Por el contrario, lo que es "bello" es un ser que no podría darse a la percepción y que, por su misma naturaleza, está aislado del universo. Señalábamos antes, justamente, que no puede *iluminárselo* proyectando sobre la tela un pincel luminoso: lo que se ilumina es la tela, pero no a él mismo.

De hecho el pintor no ha *realizado* su imagen mental: sencillamente, ha constituido un *analogon* material tal que cada cual pueda aprehender esta imagen si sólo se considera el *analogon*. Pero la imagen así provista de un *analogon* exterior sigue siendo imagen. No hay realización de lo imaginario; lo más que podría hacerse es hablar de su *objetivación*. Cada toque de pintura no se ha dado *para sí mismo*, ni siquiera para constituir un conjunto *real* coherente (en el sentido en que podría decirse que tal palanca de una máquina se ha concebido para el conjunto y no para sí misma). Ha sido dado en relación con un conjun-

67

to sintético irreal y el fin del artista era constituir un conjunto en tonos *reales* que permitiesen manifestarse a este irreal. De tal manera, el cuadro tiene que ser concebido como una cosa material *visitada* de vez en cuando (cada vez que adopte el espectador la actitud imaginante) por un irreal que es precisamente el *objeto pintado*. Lo que aquí engaña es el placer real y sensual que dan ciertos colores reales de la tela. Algunos rojos de Matisse, por ejemplo, provocan un goce sensual en quien los ve. Pero tenemos que entendernos: si consideramos aisladamente este goce sensual –por ejemplo, si lo provoca un rojo dado de hecho en la naturaleza–, no tiene nada de estético. Es pura y simplemente un placer de los sentidos. Cuando, por el contrario, se aprehende el rojo en el cuadro, se aprehende, a pesar de todo, como formando parte de un conjunto irreal y es bello en este conjunto. Por ejemplo, es el rojo de una alfombra junto a una mesa. Por lo demás, nunca es color puro.

El artista, aun cuando sólo se ocupe de relaciones sensibles entre las formas y los colores, ha elegido precisamente una alfombra para reforzar el valor sensual de este rojo; por ejemplo, unos elementos táctiles tienen que ser intencionados a través de este rojo, es un rojo lanoso, porque esta alfombra es de tal materia lanosa. Sin esta característica "lanosa" del color, se habría perdido algo. Y sin duda que la alfombra está pintada *para el rojo* que justifica y no el rojo para la alfombra. Pero si Matisse ha elegido precisamente una alfombra más bien que una hoja de papel es a causa del amalgama voluptuoso que constituirían el color, la densidad y las cualidades táctiles de la lana. Como consecuencia no se puede gozar verdaderamente del rojo más que aprehendiéndolo como *rojo de alfombra*, luego como irreal. Y lo que más se haga notar en su contraste con el verde de la pared se perdería si no fuese precisamente rígido y "glacé" precisamente porque es el verde de un empapelado de la pared.

Es, pues, en lo irreal donde las relaciones de colores y de formas adquieren su verdadero sentido. E incluso cuando los objetos figurados vean su sentido usual reducido al mínimo, como en los cuadros cubistas, al menos el cuadro no es *plano*. Sin duda, las formas que aprehendemos no son ya asimilables a una alfombra, a una mesa ni a nada de lo que habitualmente aprehendemos en el mundo. Sin embargo tienen una densidad, una materia, una profundidad; mantienen relaciones de perspectiva unas con otras. Son *cosas*. Y son irreales precisamente en la medida en que son cosas. Desde el cubismo se tiene la costumbre de declarar que el cuadro no tiene que *representar* o *imitar* sino que tiene que constituir un objeto por sí mismo. Esta doctrina en tanto que programa estético es perfectamente defendible y le debemos muchas obras maestras. Pero tenemos que entenderlo. Si se quiere decir que el cuadro, por desprovisto de significado que esté, se presenta en sí mismo como un *objeto real*, se comete un grave error. Sin duda que ya no envía a la Naturaleza. El objeto real ya no funciona como analogon de un ramo de flores o de un claro del bosque, Pero cuando lo "contemplo", no por eso estoy en la actitud realizante. Este cuadro sigue funcionando como *analogon*.

Sencillamente, lo que se manifiesta a través de él es un conjunto irreal de *cosas nuevas*, de objetos que no he visto ni veré nunca, pero que no por eso dejan de ser objetos irreales, objetos que no existen *en el cuadro*, ni en ninguna parte del mundo pero que se manifiestan a través de la tela y que se han apoderado de ella por una especie de posesión. Y es el conjunto de estos objetos irreales lo que calificaré de *bello*. En cuanto al goce estético, es real pero nunca se aprehende para él mismo, en tanto que está producido por un color real; no es más que una manera de aprehender el objeto irreal y, lejos de dirigirse al cuadro real, sirve para constituir el objeto imaginario a través de la tela real. De aquí proviene el famoso desinterés de la visión estética. Por eso pudo decir Kant que es indiferente que el objeto bello, aprehendido en tanto que es bello, tenga o no existencia; por eso Schopenhauer pudo hablar de una especie de suspensión de la Voluntad del Poder. Esto no proviene de alguna misteriosa manera de aprehender lo real, que podríamos utilizar a veces. Sino, simplemente, de que el objeto estético está constituido y aprehendido por una conciencia imaginante que lo propone como irreal.

Lo que acabamos de mostrar a propósito de la pintura sería fácil mostrarlo también a propósito del arte de la novela, de la poesía y del arte dramático. No cabe duda de que el novelista, el poeta y el dramaturgo constituyen a través de análoga verbales un objeto irreal; tampoco cabe duda de que el actor que representa a Hamlet se sirve de sí mismo, de todo su cuerpo como *analogon* de ese personaje imaginario. Hasta es lo que permitiría terminar la famosa discusión a propósito de la paradoja del comediante. Ya sabemos, en efecto, que algunos autores insisten en que el actor *no cree* en su personaje. Otros, por el contrario, apoyándose en numerosos testimonios, nos muestran al actor llevado por el papel, víctima en cierta forma del héroe que representa. Nos parece que estas dos tesis no se excluyen mutuamente; si por "creencia" se entiende tesis realizante, resulta evidente que el actor no propone en absoluto que *sea* Hamlet. Lo que no significa en absoluto que se "movilice" completamente para producirlo. Utiliza todos sus sentimientos, todas sus fuerzas, todos sus gestos como *análoga* de los sentimientos y de las conductas de Hamlet. Pero por este mismo hecho los realiza. *Vive enteramente en un mundo irreal.* Y poco importe que llore *realmente*, con el arrebato del papel representado. Este

71

llanto lo aprehende él mismo –y con él el público– como llanto de Hamlet, es decir, como análoga de llantos irreales. Tiene aquí lugar una transformación parecida a la que indicábamos en el sueño: el actor queda cogido, inspirado totalmente por lo irreal. No es el personaje quien se *realiza* en el actor, sino el actor quien se *irrealiza* en el personaje.

¿Pero no hay artes cuyos objetos parece que escapan por su naturaleza a la irrealidad? Un aire musical, por ejemplo, no envía a nada más que a sí mismo. ¿Una catedral no es simplemente una masa de piedra *real* que domina los tejados que la rodean? Pero miremos desde más cerca. Escucho, por ejemplo, a una orquesta sinfónica que interpreta la VII Sinfonía de Beethoven. Descartemos los casos aberrantes –y además al margen de la contemplación estética– en que voy "a oír a Toscanini" en su manera de interpretar a Beethoven. En general, lo que me atrae en el concierto es el deseo de "oír la VII Sinfonía". Me repugnará sin duda oír a una orquesta de aficionados, preferiré a tal director de orquesta o a tal otro. Pero esto se debe a mi ingenuo deseo de oír la VII Sinfonía "perfectamente ejecutada", precisamente porque me parece que entonces será *perfectamente ella misma*. Los errores de una mala orquesta que "toca demasiado de prisa", o "demasiado despacio", "sin seguir el movimiento", etc., me parece que velan, "traicionan" a la obra que interpreta. Lo mejor que puede ocurrir es que la orquesta desaparezca ante la obra que interpreta y, si tengo alguna razón para confiar en los ejecutantes y en su director, me aprehenderé como *frente* a la VII Sinfonía *misma, en persona*. En esto todo el mundo estará de acuerdo. Pero ahora, ¿qué es la VII Sinfonía "en persona"? Evidentemente es una *cosa*, es decir, algo que está ante mí, que resiste, que dura. Naturalmente, ya no hay que probar que esta cosa sea un todo sintético, que no existe, por notas, sino por grandes conjuntos temáticos. ¿Pero esta "cosa" es real o irreal? Consideremos ante todo que escucho *la VII Sinfonía*. Para mí, esta "VII Sinfonía" no existe en el tiempo, no la aprehendo como un acontecimiento fechado, como una manifestación artística que tiene lugar en la sala del Châtelet el 17 de noviembre de 1938. Si mañana, si dentro de ocho días, oigo a Furtwaengler dirigiendo a otra orquesta que interpreta esta misma sinfonía, de nuevo me encontraré ante *la misma sinfonía*. Ocurrirá, sencillamente, que estará mejor o peor tocada.

Examinemos ahora *cómo* escucho esta sinfonía: algunas personas cierran los ojos. En al caso, se desinteresan del acontecimiento *visual* y fechado que es la interpretación; se abandonan únicamente a los sonidos puros. Otros miran a la orquesta o la espalda del director de orquesta, Pero no ven lo que miran. Es lo que llama Revault d'Allonnes la reflexión con fascinación auxiliar. De hecho, se han desvanecido la sala, el director de orquesta y hasta la orquesta. Estoy, pues, frente a la VII Sinfonía, pero con la, expresa condición de no oírla en *ninguna parte*, de dejar de pensar que el acontecimiento es actual y fechado, con la condición de interpretar la sucesión de los temas como una sucesión absoluta y no como una sucesión real que tendría lugar, por ejemplo, en el tiempo en que Pedro, simultáneamente, visita a tal o cual de sus amigos. En la medida en que la aprehendo, la sinfonía *no está ahí*, entre esas paredes, en la punta de los arcos. Tampoco está "pasada", como si pensase: esta es la obra que en tal fecha germinó en la mente de Beethoven. Está totalmente fuera de lo real. Tiene un tiempo propio, es decir que posee un tiempo interno, (que transcurre desde la primera nota del allegro hasta la última del final, pero este tiempo no viene después de otro tiempo que continúe y que esté "antes" del ataque del allegro; tampoco está seguido por un tiempo que venga "después" del final. La VII Sinfonía no está en absoluto *en el tiempo*. Escapa, pues, totalmente a lo real. Se da *en persona*, pero como ausente, como estando fuera de alcance. Me sería imposible actuar sobre ella, cambiar una sola nota suya, o disminuir su movimiento. Sin embargo en su aparición depende de lo real: que sufra un síncope el director de orquesta, que estalle en la sala un comienzo de incendio, y la orquesta dejará de tocar en el acto. No concluyamos de todo esto que entonces aprehenderemos *la*

74

VII Sinfonía como interrumpida. No, pensaremos que la ejecución de la sinfonía ha sufrido una detención. ¿No se ve claramente que la *ejecución* de la VII Sinfonía es su *analogon*? Esta sólo se puede manifestar por analoga que estén fechados y que tengan lugar en nuestro tiempo, Pero para aprehenderla *en estos analoga* hay que llevar a cabo la reducción imaginante, es decir, hay que aprehender precisamente los sonidos reales como analoga. Se da, pues, como un perpetuo en-otro-lugar, como una perpetua ausencia. No hay que figurarse (como Spandrell en *Contrapunto* de Huxley, como tantos platónicos) que existe en otro mundo, en un cielo inteligible. No está simplemente –como, por ejemplo, las esencias– fuera del tiempo y del espacio: está fuera de lo *real*, fuera de la existencia. No lo oigo realmente, lo escucho en lo imaginario. Es lo que explica la dificultad que siempre tenemos para pasar del "mundo" del teatro o de la música al de nuestras preocupaciones diarias.

A decir verdad, no hay paso de un mundo a otro, hay paso de la actitud imaginante a la actitud realizante. La contemplación estética es un sueño provocado y el paso a lo real es un auténtico despertar. Se ha hablado con frecuencia de la "decepción" que acompañaba la vuelta a la realidad. Pero no explicaría que ese malestar existe, por ejemplo, tras la audición de una pieza realista y cruel; en este caso, en efecto, la realidad debería ser aprehendida

75

como tranquilizadora. De hecho, este malestar es simplemente el del durmiente que se despierta: una conciencia fascinada, bloqueada en lo imaginario muchas veces, se libera por la brusca detención de la pieza, de la sinfonía, y vuelve a tomar repentinamente contacto con la existencia. Tampoco hay que provocar el asco nauseoso que caracteriza la conciencia realizante.

Se puede concluir de estas observaciones que lo real nunca es bello. La belleza es un valor que nunca se podría aplicar más a lo imaginario y que comporta el anonadamiento del mundo en su estructura esencial. Por eso es estúpido confundir a la moral con la estética. Los valores del Bien suponen el estar-en-el-mundo, apuntan a las conductas en lo real y están sometidos ante todo a lo absurdo esencial de la existencia. Decir que se "toma" ante la vida una actitud estética es confundir constantemente lo real y lo imaginario. Ocurre sin embargo que tomábamos la actitud de contemplación estética frente a acontecimientos u objetos reales. En tal caso cualquiera puede ver en sí una especie de retroceso en relación con el objeto contemplado que se desliza a su vez en la nada. Es que a partir de este momento, ya no está *percibido*; funciona como *analogon* de sí mismo, es decir, que una imagen irreal de lo que es se manifiesta para nosotros a través de su presencia actual. Esta imagen puede ser pura y simplemente el objeto "mismo" neutralizado, anonadado, como cuando contemplo a una hermosa mujer o la suerte de matar en una corrida de toros; también puede ser la aparición imperfecta y confusa de *lo que podría ser* a través de lo que es, como cuando el pintor aprehende la armonía de dos colores más violentos, más vivos, a través de las manchas reales que encuentra en una pared. Al mismo tiempo el objeto, al darse como *detrás* de él mismo, se vuelve *intocable*, está fuera de nuestro alcance; de aquí una especie de desinterés doloroso en relación con él. En este sentido se puede decir que la extrema belleza de una mujer mata el deseo que se tiene de ella. En efecto, no podemos colocarnos a la vez en el plano estético donde aparece este "ella misma" irreal que admiramos y en el plano realizante de la posesión física. Para desearla habría que olvidar que es bella, porque el deseo es un sumergirse en el seno de la existencia en cuanto tiene de más contingente y de más absurdo. La contemplación estética de los objetos *reales* tiene la misma estructura que la paramnesia, en la cual el objeto real funciona como *analogon* de él mismo en el pasado. Pero en uno de los casos hay anonadamiento y en el otro pasadificación. La paramnesia difiere de la actitud estética como la memoria difiere de la imaginación.

Extraído de *L'imaginaire*, Gallimard, París 1940
Traducción de Manuel Lamana

Giulio Carlo Argan *Lo artístico y lo estético*

Pedro Aullón *La ideación barroca*

Jovellanos *Elogio de la Bellas Artes*

Montesquieu *Ensayo sobre el gusto*

P. D'Angelo y S. Velotti (eds.) *El 'no sé qué'*

William Hogarth *Análisis de la belleza*

Georg Simmel *El rostro y el retrato*

Arthur Schopenhauer *Sobre la visión y los colores*

Diderot y Goethe *Ensayo sobre la pintura*

William Hazlitt *El placer de la pintura*

Friedrich Schiller *Lo sublime*

Arthur Schopenhauer *Sobre el genio*

John Ruskin *Imitación y verdad*

Friedrich Nietzsche *Ilusión y verdad del arte*

R.G. Collingwood *El arte y la imaginación*

Paul Valéry *La invención estética*

Tomas Kulka *El kitsch*

Umberto Eco *El museo*

Merleau-Ponty *La duda de Cézanne*

Marcel Proust *Pintores*

Karl Kraus *La tarea del artista*

Sainte Beuve *¿Qué es un clásico?*

Richard Wagner *Arte y revolución*

www.casimirolibros.es

Peter Burke *¿Por qué Venecia?*

Guy de Maupassant *Sicilia*

Victor Hugo *De Bruselas a Brujas*

Georg Simmel *Filosofía del paisaje*

Juan Andrés *Nápoles*

Walter Benjamin *París*

Henry James *Florencia*

Georg Simmel *Roma, Florencia, Venecia*

Rubén Darío *Roma*

John Ruskin *Imitación y verdad*

Fernando Pessoa *Lisboa*

Alexander von Humboldt *México*

Stendhal *Milán*

Bernardo de Dominici *Vida de Ribera, el Españoleto*

F.T. Marinetti *España veloz y toro futurista*

Alfonso Reyes *Comprensión de España*

Victor Hugo *Pamplona*

Dario de Regoyos *España negra*

Carmen de Burgos *Nápoles*

Renato Barilli *Los prerrafaelitas*

Emilio Castelar *Venecia*

Goethe *Nápoles*

Auguste Rodin *Chartres*

www.casimirolibros.es